FASTOCHE

FASTOCHE

www.casterman.com

Créations, textes, illustrations : Bernadette Theulet-Luzié
Photos : Gérard Vinçon

ISBN 2-203-14349-5

Imprimé en France par Pollina, Luçon - n° L92176
Dépôt légal mars 2004 ; D2004/0053/122.
Déposé au ministère de la Justice (loi n° 49.956 du 16 juillet 1949 sur les publications destinées à la jeunesse).

Bernadette Theulet-Luzié

FASTOCHE

CRÉATIONS DU JOUR !

Tout en boîtes à œufs

FASTOCHE

casterman

Petit vocabulaire des boîtes à œufs

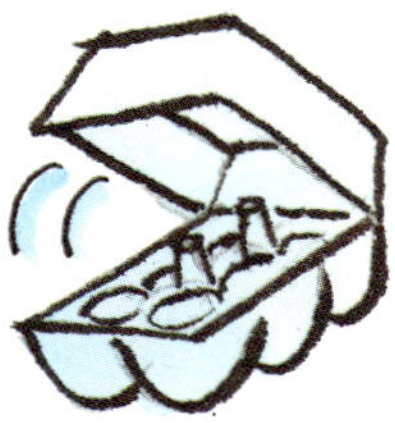

À ouverture sur le côté
ou sur le devant

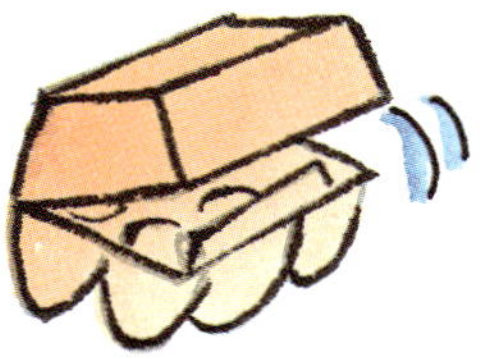

En carton
ou en polystyrène

Une alvéole, une pointe

Côté couvercle

Côté alvéoles

Sommaire

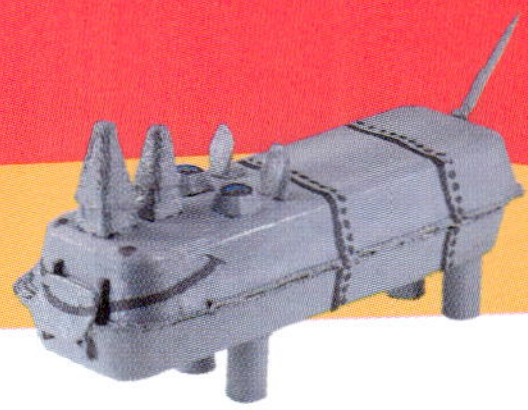

Transport d'œufs

Une jolie manière de ranger les œufs !

1

PRÉPARATION
Coupe les 2 pailles à 9 cm, les 2 piques à 11 cm, épointe les extrémités. Demande à un adulte de couper les têtes des bouchons. Calque, reporte et découpe le drapeau en double.

2

PEINTURE
Dessine des fenêtres et des têtes sur le couvercle. Peins la boîte, les têtes, les fenêtres, les roues, la pointe.

3

MONTAGE
Colle les 2 pailles sous les alvéoles. Enfile les 2 piques dans les pailles. Enfonce les roues sur les piques.

IL TE FAUT :

1 boîte de 6 œufs ■ 1 pointe ■ 4 bouchons à tête : cidre, champagne ■ 2 pailles ■ 2 piques à brochette ■ 1 allumette ■ un peu de papier de couleur ■ de la colle ■ de la gouache

50 minutes

facile

mécanique

4

LE DRAPEAU

Plie en 2 le drapeau et colle les 2 intérieurs sur l'allumette.
Colle la pointe sur le couvercle, fais un trou au sommet, enfonces-y le drapeau.

Loup cruel porte-ficelle

Un dérouleur de ficelle bien pratique !

1

Colle les couvercles, deux par deux. Colle 4 bouchons. Colle les 2 volumes ensemble.

2

OREILLES ET YEUX
Calque la forme des oreilles, reporte-la en double sur le carton. Découpe-la et colle-la sur la tête. Les yeux sont deux 2 alvéoles recoupées et collées.

3

Dessine l'emplacement des dents, peins-les en blanc. Peins le reste en noir, les yeux en vert.

IL TE FAUT :

4 couvercles de boîtes de 6 œufs ■ 2 alvéoles ■ 4 bouchons ■ un peu de carton ■ un peu de papier rouge ■ de la gouache : noir, blanc, vert ■ de la colle ■ des ciseaux ■ une pelote de ficelle

60 minutes

facile

équilibre

4

Demande à un adulte de découper « une trappe » à l'arrière et un trou sur le battant. Fais entrer la pelote par la trappe et fais sortir la ficelle par le trou. Colle une langue rouge.

Hibou à idées

Un chouette mémo !

1

PRÉPARATION

Place les cailloux dans 2 alvéoles, ferme la boîte, colle les bords. Découpe 2 alvéoles comme des fleurs. Calque, reporte et découpe les formes des pattes et des plumes sur le carton.

2

PEINTURE

Peins la boîte, les yeux, le bec, les plumes, les pattes.

3

MONTAGE

Dispose le tout ainsi que le carnet. Colle-les.

IL TE FAUT :

une boîte de 6 œufs ■ 1 pointe ■ 2 alvéoles ■ un peu de carton ■ de la colle ■ de la gouache ■ un petit carnet (coupé en 2) ■ un petit crayon ■ quelques cailloux ■ 1 pointe (1 clou)

60 minutes

facile

équilibre

4 Avec le clou, fais un trou au milieu du bec, introduis-y le crayon.

Pose ton hibou, légèrement incliné (il est lesté par les cailloux).

Rhinocéros à trésors

Tu peux ranger tes trésors dans les alvéoles. Attention de ne coller le museau

1

PRÉPARATION
Coupe une boîte en deux, garde le couvercle. Colle le couvercle sous la deuxième boîte.

2

LES ÉLÉMENTS
Les cornes : la grande est formée de 2 pointes superposées, la petite d'une seule. Les yeux sont 2 alvéoles recoupées. Les oreilles, le museau, la queue sont des formes à calquer, à reporter, à découper sur le carton.

3

MONTAGE
Colle les cornes, les yeux, les oreilles, le museau, la queue, les 4 bouchons.

IL TE FAUT :

2 boîtes de 12 œufs ■ 3 pointes ■ 2 alvéoles ■ un peu de carton ■ 4 bouchons ■ de la colle ■ des ciseaux

60 minutes

facile

motricité

que sur le haut, pour pouvoir ouvrir et fermer la boîte.

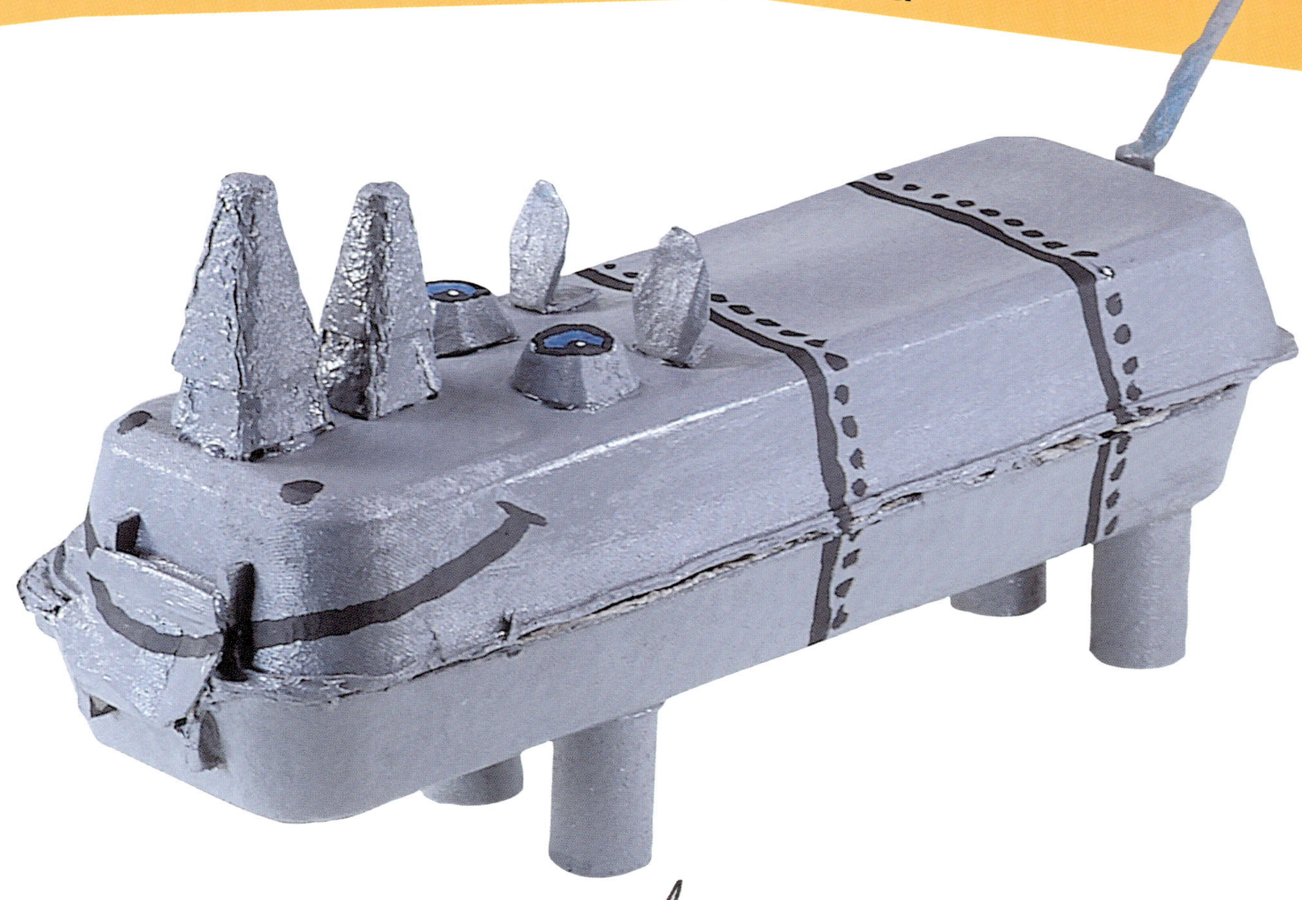

4 Peins le rhinocéros en gris, les yeux en bleu.

Plantation de jonquilles

Un joli cadeau pour maman.

1

FABRICATION D'UNE FLEUR

Prends 2 alvéoles et 1 pointe.
Découpe les 2 alvéoles en fleur à 3 pétales.
Ôte des petits triangles sur la pointe.
Fais de même pour les 6 fleurs.

2

PEINTURE

Peins les fleurs en jaune,
les piquants en orange,
le couvercle en rouge,
les alvéoles en vert.

MONTAGE D'UNE FLEUR

Avec la pointe, fais un trou au milieu des pétales et de la pointe, ainsi que sur les alvéoles.
Pique dedans un crayon bien taillé.
Pose de la colle entre les éléments.

3

IL TE FAUT :

3 boîtes de 6 œufs ■ 6 crayons ■ un peu de papier vert ■ de la gouache ■ de la colle ■ une pointe (1 clou)

20 minutes
moins facile
dextérité

4

Dans le papier vert découpe les feuilles, colle-les sur les crayons.

5

Pique les crayons dans les alvéoles de la boîte peinte.

Vache à économies

Et pourquoi le cochon serait-il le seul économe ?

1

PRÉPARATION

Colle les couvercles 2 par 2.
Colle 4 bouchons sous un couvercle.
Colle l'autre élément dessus.

2

Calque la forme oreilles-cornes et celle de la queue. Reporte-les sur le carton, découpe-les.

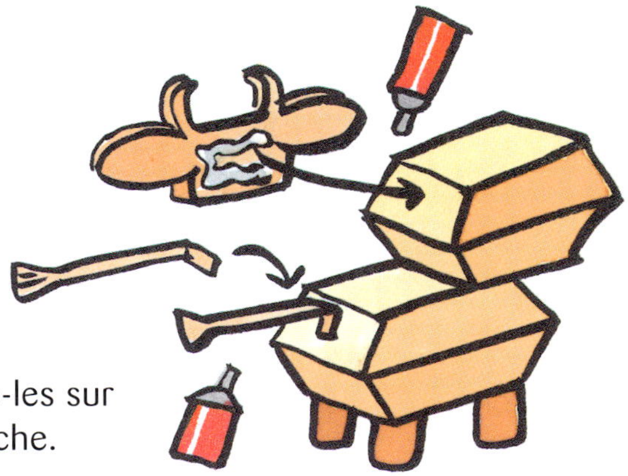

3

Colle-les sur la vache.

IL TE FAUT :

4 couvercles de boîtes de 6 œufs ■ 4 bouchons ■ un peu de carton ■ de la colle ■ de la gouache

60 minutes

facile

motricité

4

Peins la vache en blanc, les taches en noir, le museau en rose.

5

Demande à un adulte de tracer une fente au cutter pour le passage de tes économies.

La maison des sœurs souris

Un jeu tout simple

1

FABRICATION D'UNE SOURIS
Colle ensemble 2 alvéoles. Dans le carton, reporte et découpe 2 oreilles. Colle-les.

2

Peins chaque souris : le haut en gris, le bas en couleur. Colle la ficelle dessous. Dessine les détails à la gouache ou au feutre.

3

LA MAISON
Peins le couvercle en rouge, les alvéoles en clair, les fenêtres, la porte.

Peins l'intérieur : les 6 alvéoles sont des pièces : 2 baignoires, 2 chambres, 1 pièce à grignotage, 1 pièce à jouets.

IL TE FAUT :

POUR UNE SOURIS :
2 alvéoles ■ un peu de carton ■ 8 cm de ficelle fine

POUR LA MAISON :
1 boîte à 6 œufs ■ de la colle ■ de la gouache

60 minutes

très facile

humour

4 LE JEU

Remplis les alvéoles soit de grignotage (bonbons, noisettes), de jeux (boules de cotillon). Tu peux fabriquer 2 assiettes dans 2 alvéoles. Les souris jouent dans la grande pièce. Pour dormir, on referme la boîte.

Oiseaux de paradis

Choisis de belles harmonies de couleur.

1

Colle 2 alvéoles ensemble. Colles-y une pointe.

2

Peins le corps, le bec, l'œil.

3

Avec le clou, fais un trou, à l'arrière. Enfonces-y la plume.

4

Pour suspendre l'oiseau, enfonce une aiguillée de fil entre les alvéoles. Enfonce une plume dans le trou sur la tête.

IL TE FAUT :

POUR UN OISEAU :
2 alvéoles ■ 1 pointe ■ 2 plumes ■ de la colle ■ de la gouache ■ 1 pointe (un clou) ■ une aiguille longue ■ du fil

30 minutes
facile
équilibre

5

MONTAGE DU MOBILE
Dispose les oiseaux, à plat, sous la baguette.
Attache-les à la baguette grâce aux aiguillées de fil.

Chorale des clowns

La boîte peut contenir des bonbons lors d'une fête d'enfants.

1 Peins le couvercle d'une couleur vive, ainsi que le rebord des alvéoles. Peins les 6 pointes et les 6 boules de couleurs différentes.

2 Sur les alvéoles, peins les têtes en rose, les cheveux en violet.

3 Après séchage, peins les yeux, le nez, la bouche, les joues.

Il te faut :

1 boîte de 6 œufs ▪ 6 pointes ▪ 6 boules de cotillon ▪ du papier de couleur ▪ de la colle, ▪ de la gouache

60 minutes

facile

couleurs

4

Colle les boules sur les pointes, les pointes sur les têtes. Dans les papiers de couleur, découpe des nœuds papillons. Colle-les sous les têtes de clowns.

Le coq à crayons

Porte-plumes !

1 Calque la tête du coq, reporte-la sur le bristol, découpe-la.

2 Peins la boîte ainsi que la tête (crête, bec, œil). Ajoute des petits points.

3 Demande à un adulte de tracer une fente sur la boîte. Introduis-y la tête.

4 Colle les plumes sur les crayons.

IL TE FAUT :

une boîte de 6 œufs ■ du bristol ■ 7 crayons de couleur ■ 7 plumes de même couleur ■ 2 plumes ■ de la colle ou de l'adhésif double face ■ de la gouache ■ 1 pointe (un clou)

60 minutes

très facile

créativité

5 Avec le clou, prépare les trous des crayons. Agrandis-les en y introduisant les crayons bien taillés, en les tournant. Colle 2 plumes sur le côté pour les ailes.

Les coquelicots

Super simple et graphique !

1 **PRÉPARATION**
Sur deux alvéoles : dessine 2 pétales très larges. Découpe-les, arrondis les angles. Découpe 1 rond dans la troisième alvéole.

2 **PEINTURE**
Peins les pétales en rouge, le cœur en vert bordé de noir.

3 **MONTAGE**
Superpose les pétales, colle-les. Colle un cœur au milieu.

IL TE FAUT :

POUR UN COQUELICOT ;
3 alvéoles ■ des ciseaux ■ de la gouache ■ de la colle

15 minutes
facile
créativité

4

UTILISATIONS

Un marque-place par invité :
Glisse un bristol entre 2 pétales, avec le nom de l'invité.

Un panneau décoratif :
Avec des coquelicots et une coccinelle.

Des magnets pour le frigo :
Colle un aimant sous chaque coquelicot. Applique tes messages grâce aux coquelicots aimantés.

FASTOCHE

FASTOCHE